Impressum
Verlag: BABADADA GmbH, Nedderfeld 112 , 22529 Hamburg
Geschäftsführer / Verlagsleitung: Harald Hof
Druck: Books on Demand GmbH, In de Tarpen 42, 22848 Norderstedt

Imprint
Publisher: BABADADA GmbH, Nedderfeld 112 , 22529 Hamburg, Germany
Managing Director / Publishing direction: Harald Hof
Print: Books on Demand GmbH, In de Tarpen 42, 22848 Norderstedt, Germany

shkolla
la escuela

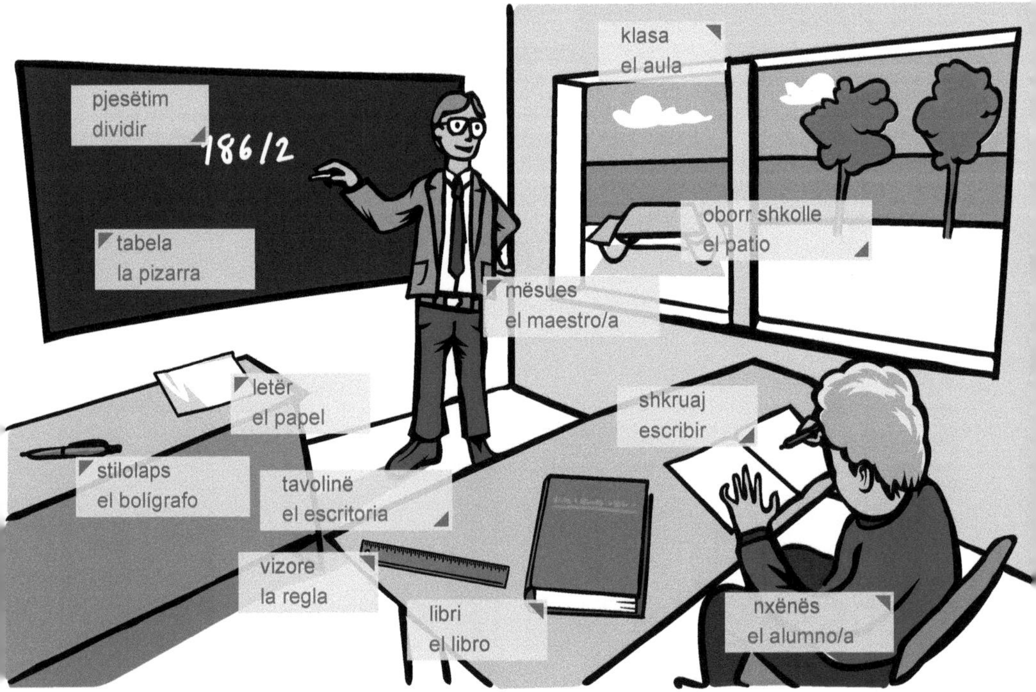
klasa
el aula
pjesëtim
dividir
186/2
tabela
la pizarra
oborr shkolle
el patio
mësues
el maestro/a
letër
el papel
shkruaj
escribir
stilolaps
el bolígrafo
tavolinë
el escritoria
vizore
la regla
libri
el libro
nxënës
el alumno/a

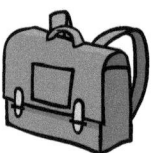

çantë

la cartera

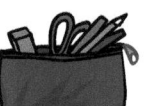

mbajtëse lapsash

la caja de lápices

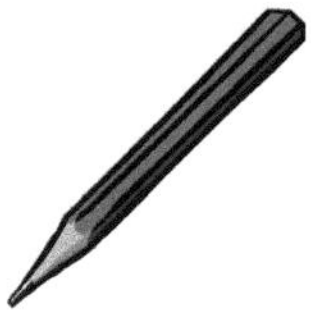

laps

el lápiz

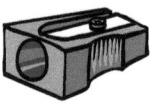

mprehës lapsash

el sacapuntas

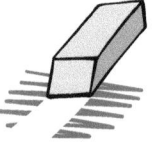

gomë

la goma de borrar

fletore vizatimi

el cuaderno de dibujo

vizatim

el dibujo

penel

el pincel

kuti bojërash

la caja de pinturas

gërshërë

las tijeras

ngjitës

el pegamento

fletore detyrash

el cuaderno de ejercicios

detyrë shtëpie

los deberes

numër

el número

2+2

mbledh

sumar

zbres

restar

shumëzoj

multiplicar

llogaris

calcular

A

gërmë

la letra

ABCDEFG
HIJKLMN
OPQRSTU
VWXYZ

alfabeti

el alfabeto

fjalë

la palabra

tekst

el texto

lexoj

leer

shkumës

la tiza

mësim

la lección

regjistër

el cuaderno de notas

provim

el examen

çertifikatë

el certificado

uniformë shkolle

el uniforme

arsimim

la educación

enciklopedia

la enciclopedia

universitet

la universidad

mikroskop

el microscopio

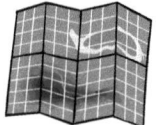

hartë

el mapa

kosh letrash

la papelera

shkolla - la escuela

udhëtim

el viaje

hotel
el hotel
Grand
bujtinë
el albergue
ROOMS
EXCHANGE
zyrë këmbimi valutor
oficina de cambio de divisas
valixhe
la maleta
makinë
el coche

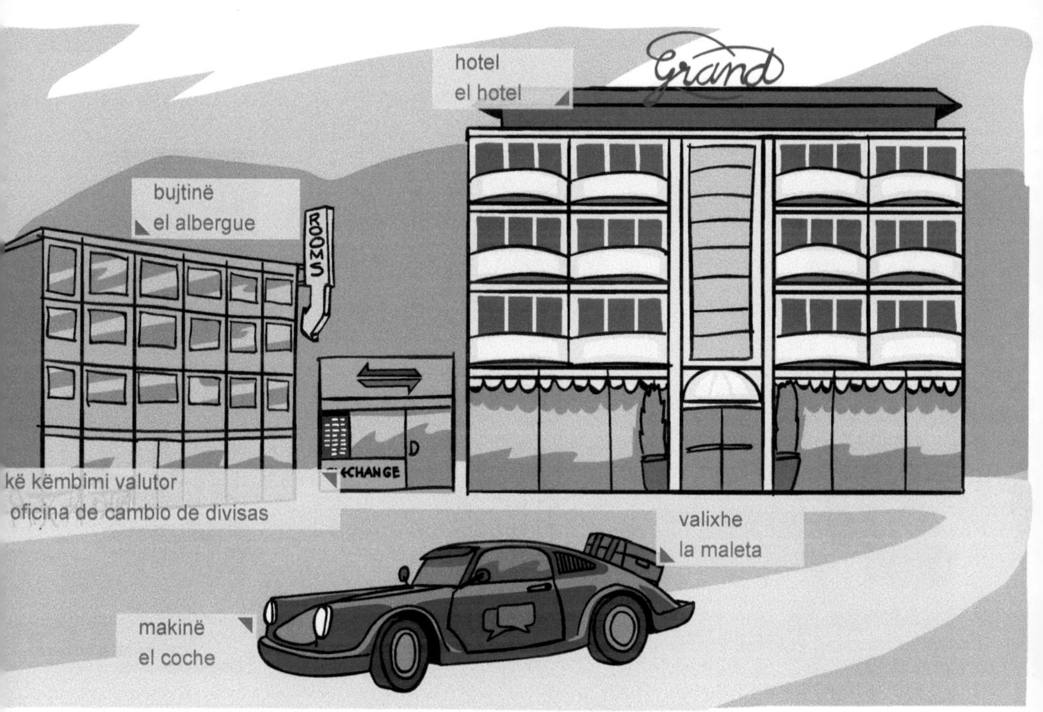

gjuhë

el idioma

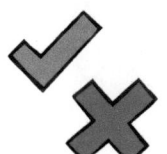

po / jo

sí / no

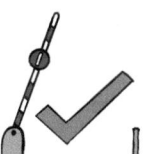

Në rregull

Vale

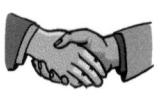

ç'kemi

hola

përkthyes

el traductor

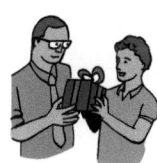

Faleminderit

Gracias

sa kushton...?

¿cuánto es...?

nuk e kuptoj

No entiendo

problem

el problema

Mirëmbrëma!

¡Buenas tardes!

Mirëmëngjes!

¡Buenos días!

Natën e mirë!

¡Buenas noches!

mirupafshim

adiós

drejtim

la dirección

bagazhet

el equipaje

çantë

la bolsa

çantë shpine

la mochila

mysafir

el invitado

dhomë

la habitación

thes gjumi

el saco de dormir

tendë

la tienda de campaña

informacion për turistët

la información turística

plazh

la playa

kartë krediti

la tarjeta de crédito

mëngjes

el desayuno

drekë

el almuerzo

darkë

la cena

Biletë

el billete

ashensor

el ascensor

pulla

el sello

kufi

la frontera

doganë

la aduana

ambasadë

la embajada

vizë

la visa

pasaportë

el pasaporte

transport
el transporte

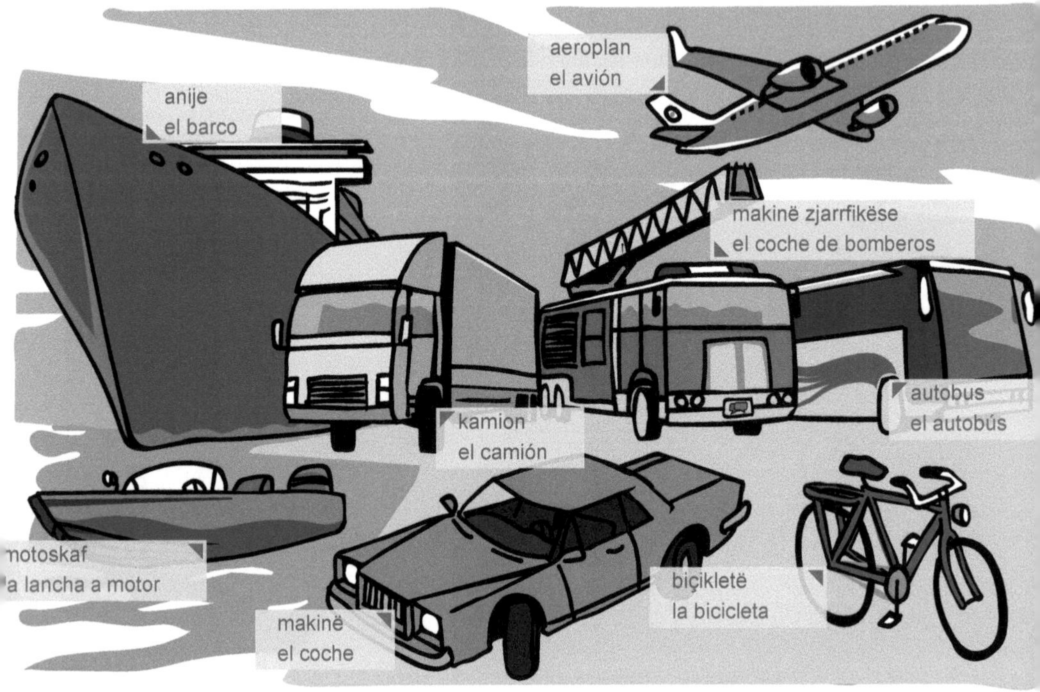

aeroplan
el avión
anije
el barco
makinë zjarrfikëse
el coche de bomberos
autobus
el autobús
kamion
el camión
motoskaf
la lancha a motor
biçikletë
la bicicleta
makinë
el coche

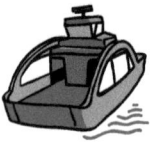

traget
el transbordador

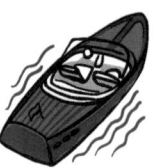

varkë
la barca

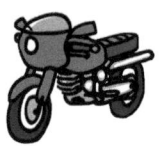

motoçikletë
la moto

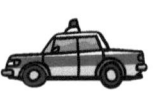

makinë policie
el coche de policía

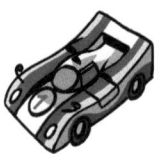

makinë garash
el coche de carreras

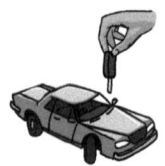

makinë me qira
el coche de alquiler

ndarje e qirasë së makinës

el préstamo de vehículos

karroatrec

la grúa

makinë plehrash

el camión de la basura

motor

el motor

benzinë

la gasolina

pikë karburanti

la gasolinera

sinjalistikë trafiku

la señal de tráfico

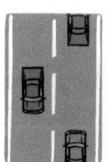

trafik

el tráfico

bllokim trafiku

el atasco

parkim makinash

el aparcamiento

stacion treni

la estación de tren

trase

las vías

tren

el tren

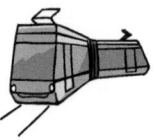

tramvaj

el tranvía

karro

el vagón

helikopter

el helicóptero

aeroport

el aeropuerto

kullë

la torre

pasagjer

el pasajero

kontenier

el contenedor

kuti kartoni

la caja de cartón

qerre

la carretilla

shportë

la cesta

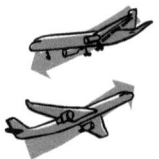

ngrihem / ulem

despegar / aterrizar

qytet

la ciudad

fshat

el pueblo

qendra e qytetit

el centro de la ciudad

shtëpi

la casa

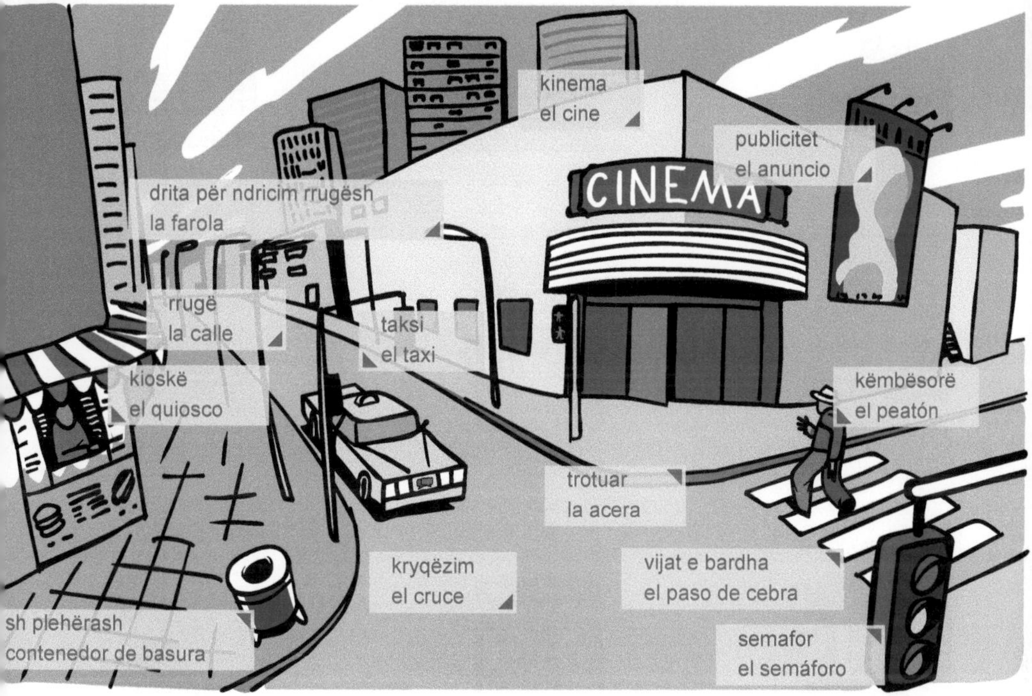

kinema
el cine

publicitet
el anuncio

drita për ndricim rrugësh
la farola

rrugë
la calle

taksi
el taxi

kioskë
el quiosco

CINEMA

këmbësorë
el peatón

trotuar
la acera

kryqëzim
el cruce

vijat e bardha
el paso de cebra

sh plehërash
contenedor de basura

semafor
el semáforo

kasolle
la cabaña

apartament
el apartamento

stacion treni
la estación de tren

bashki
el ayuntamiento

muze
el museo

shkolla
la escuela

universitet

la universidad

bankë

el banco

spital

el hospital

hotel

el hotel

farmaci

la farmacia

zyrë

la oficina

librari

la librería

dyqan

la tienda de campaña

dyqan lulesh

la floristería

supermarket

el supermercado

market

el mercado

mapo

los grandes almacenes

dyqan peshku

la pescadería

qëndër tregtare

el centro comercial

port

el puerto

park
el parque

stol
el banco

urë
el puente

shkallë
las escaleras

metro
el metro

tunel
el túnel

stacion autobuzi
la parada de autobús

bar
el bar

restorant
el restaurante

kuti postare
el buzón

sinjalistikë rrugore
el poste indicador

kohëmatës parkimi
el parquímetro

kopsht zoologjik
el zoo

pishinë
la piscina

xhami
la mezquita

fermë

la granja

ndotje

la contaminación

varrezë

el cementerio

kishë

la iglesia

shesh lojërash

el patio de juego

tempull

el templo

peisazh
el paisaje

gjethe
la hoja

tabela orientuese
la señal

rrugë
el camino

livadh
el prado

gurë
la piedra

pemë
el árbol

ekskursionist
el excursionista

lumë
el río

bar
la hierba

lule
la flor

luginë
el valle

kodër
la colina

liqen
el lago

pyll
el bosque

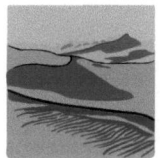

shkretëtirë
el desierto

vullkan
el volcán

kështjellë
el castillo

ylber
el arcoíris

kepudhë
el champiñón

palmë
la palmera

mushkonjë
el mosquito

mizë
la mosca

milingonë
la hormiga

bletë
la abeja

merimangë
la araña

brumbull

el escarabajo

bretkosë

la rana

ketër

la ardilla

iriq

el erizo

lepur

la liebre

buf

la lechuza

zog

el pájaro

mjellmë

el cisne

derr i egër

el jabalí

dre

el ciervo

dre brilopatë

el alce

digë

la presa

turbinë ere

la turbina eólica

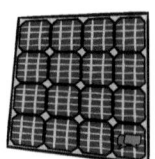

panel diellor

el panel solar

klimë

el clima

peisazh - el paisaje

restorant
el restaurante

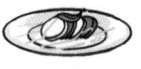

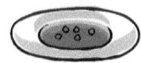

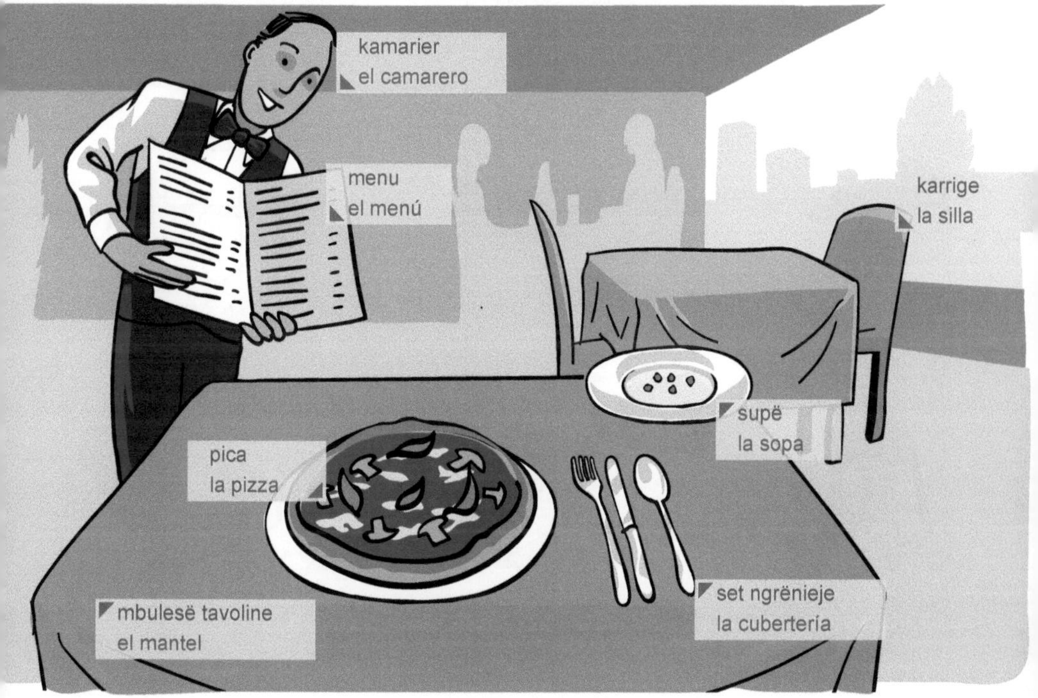
kamarier
el camarero
menu
el menú
karrige
la silla
supë
la sopa
pica
la pizza
mbulesë tavoline
el mantel
set ngrënieje
la cubertería

pjatë e parë

el primer plato

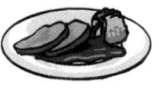

pjatë kryesore

el plato principal

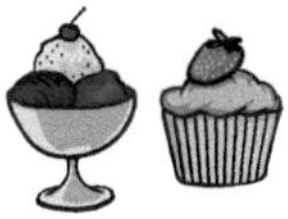

ëmbëlsirë

el postre

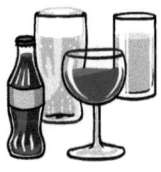

pije

las bebidas

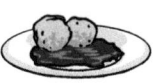

ushqim

la comida

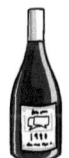

shishe

la botella

ushqim i shpejtë

la comida rápida

ushqim i shërbyer në rrugë

la comida callejera

ibrik çaji

la tetera

kuti sheqeri

el azucarero

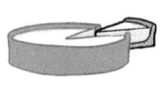

racion

la porción

makinë kafeje ekspres

la cafetera expreso

karrige e lartë

la trona

faturë

la cuenta

tabaka

la bandeja

thika

el cuchillo

pirun

el tenedor

lugë

la cuchara

lugë çaji

la cucharilla

pecetë

la servilleta

gotë

el vaso

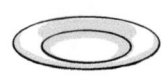

pjatë

el plato

pjatë supe

el plato hondo

pjatë filxhani

el platillo

salcë

la salsa

mbajtëse kripe

el salero

mulli piperi

el molinillo de pimienta

uthull

el vinagre

vaj

el aceite

erëza

las especias

keçap

el ketchup

mustardë

la mostaza

majonezë

la mayonesa

supermarket
el supermercado

ofertë speciale
la oferta especial
FOR
klient
el cliente
produkte bulmeti
los lácteos
frut
la fruta
karrocë pazari
el carro de compra

BUTCHERS

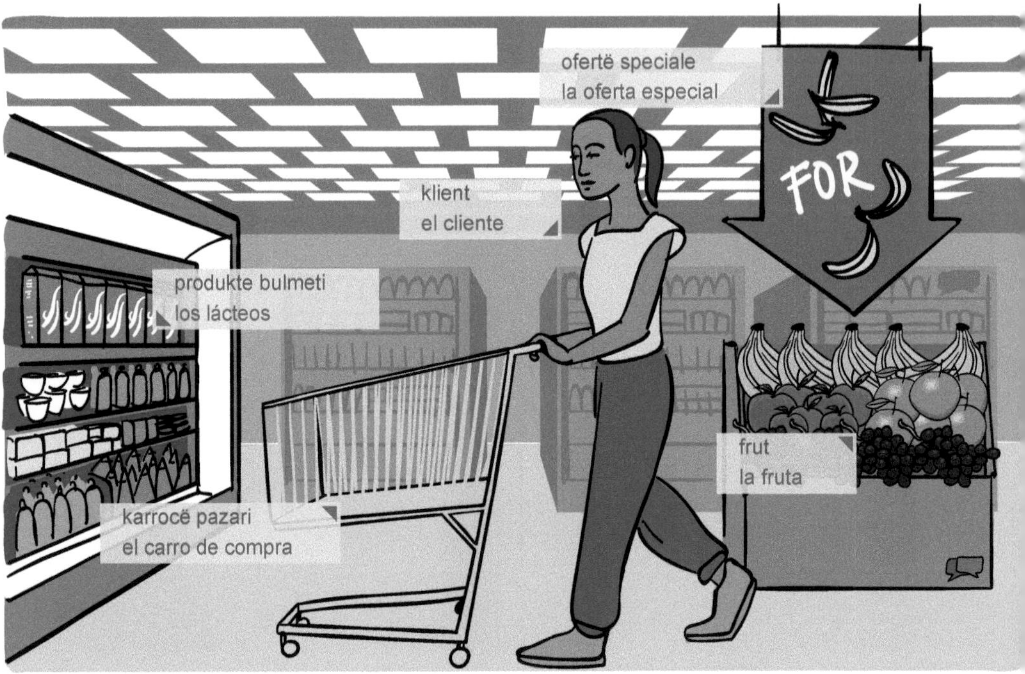

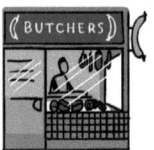

dyqan mishi

la carniceria

BAKERY

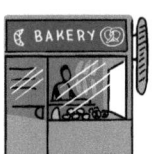

furrë buke

la panadería

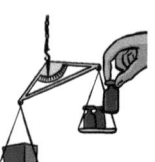

peshoj

pesar

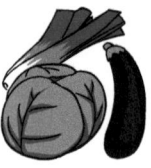

perime

las verduras

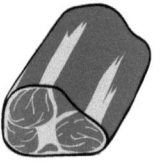

mish

la carne

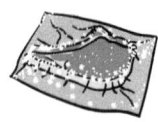

ushqim i ngrirë

los alimentos congelados

copë

los fiambres

ushqim i konservuar

las conservas

pluhur larës

el detergente en polvo

ëmbëlsirat

los dulces

prodhime shtëpie

productos de uso doméstico

produkte pastrimi

productos de limpieza

shitëse

la vendedora

kasë fiskale

la caja de cartón

arkëtar

el cajero

listë blerjeje

la lista de la compra

oraret e punës

el horario de atención al
público

portofol

la cartera

kartë krediti

la tarjeta de crédito

çantë

la bolsa de plástico

qese plastike

la bolsa de plástico

ujë

el agua

lëng frutash

el zumo

qumësht

la leche

koka-kola

la cola

verë

el vino

birrë

la cerveza

alkool

el alcohol

kakao

el cacao

çaj

el té

kafe

el café

kafe ekspres

el expreso

kapuçino

el capuchino

banane

el plátano

mollë

la manzana

portokalle

la naranja

pjepër

el melón

limon

el limón

karrotë

la zanahoria

hudhër

el ajo

bambu

el bambú

qepë

la cebolla

kërpudha

el champiñón

arra

las avellanas

makarona

los fideos

spageti

las espagueti

oriz

el arroz

sallatë

la ensalada

patate të skuqura

las patatas fritas

patate të skuqura

las patatas fritas

pica

la pizza

hamburger

la hamburguesa

sanduiç

el sándwich

shnicel

el filete

proshutë

el jamón

sallam

le salami

salçiçe

la salchicha

pulë

el pollo

skuq

el asado

peshk

el pescado

tërshërë

los copos de avena

drithëra

el muesli

kornfleiks

los copos de maíz

miell

la harina

kruasant

el cruasán

panine

el panecillo

bukë

el pan

tost

la tostada

biskotë

las galletas

gjalp

la mantequilla

gjizë

la cuajada

tortë

el pastel

vezë

el huevo

vezë sy

el huevo frito

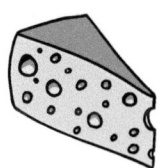

djathë

el queso

akullore

el helado

sheqer

el azúcar

mjaltë

la miel

marmaladë

la mermelada

çokokrem

la crema de turrón

këri

el curry

fermë
la granja

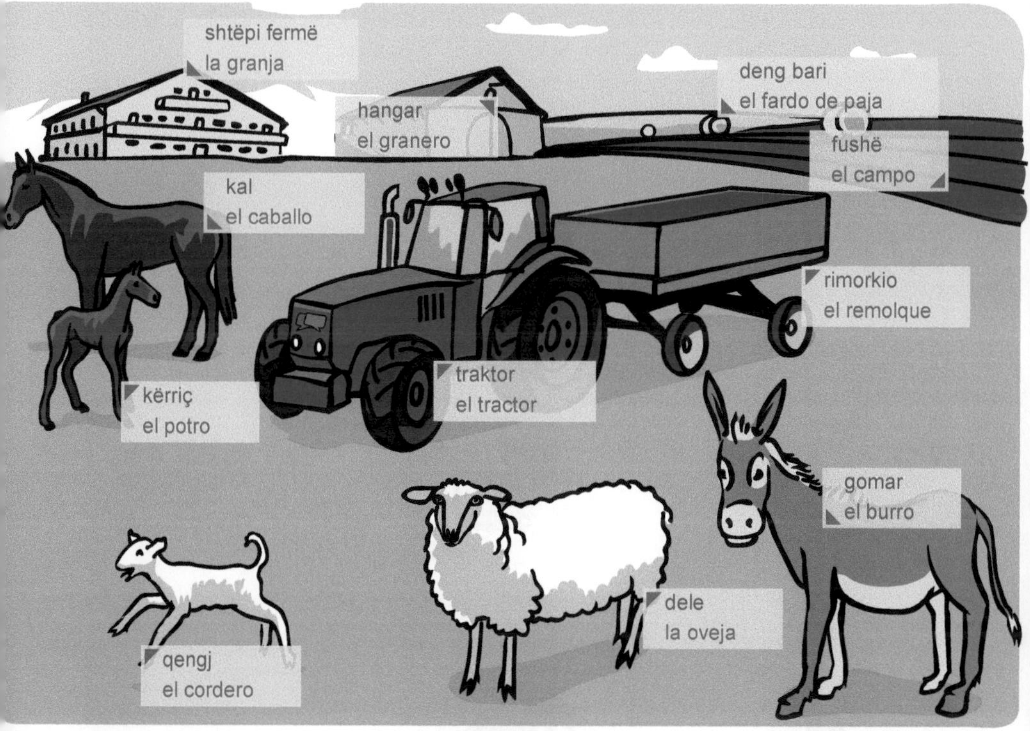

shtëpi fermë
la granja
hangar
el granero
deng bari
el fardo de paja
fushë
el campo
kal
el caballo
rimorkio
el remolque
traktor
el tractor
kërriç
el potro
gomar
el burro
dele
la oveja
qengj
el cordero

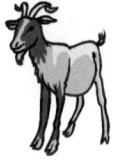

dhi

la cabra

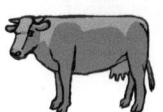

lopë

la vaca

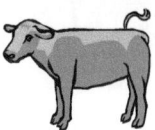

viç

el ternero

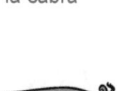

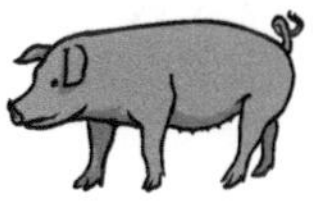

derr

el cerdo

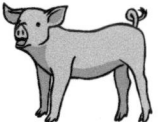

derrkuc

el cerdito

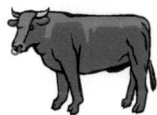

dem

el toro

patë

el ganso

rosë

el pato

zog pule

el pollo

pulë

la gallina

gjel

el gallo

mi

la rata

mace

el gato

mi

el ratón

buall

el buey

qen

el perro

kolibe qeni

la perrera

zorrë vaditëse

la manguera

vaditëse

la regadera

kosë

la guadaña

plug

el arado

drapër

la hoz

shat

la azada

kosa

la horca

sëpatë

el hacha

karrocë

la carretilla

govatë

el abrevadero

bidon qumështi

la lechera

thes

el saco

gardh

la valla

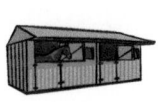

ahur

el establo

serë

el invernadero

dhe

el suelo

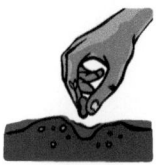

farë

la semilla

pleh

el fertilizador

autokombanjë

la cosechadora

korr

cosechar

te korrat

la cosecha

patate e ëmbël "Yam"

el ñame

grurë

el trigo

soja

el soja

patate

la patata

misër

el maíz

raps

la semilla de colza

pemë frutore

el árbol frutal

zhardhok manioku

la mandioca

drithëra

las cereales

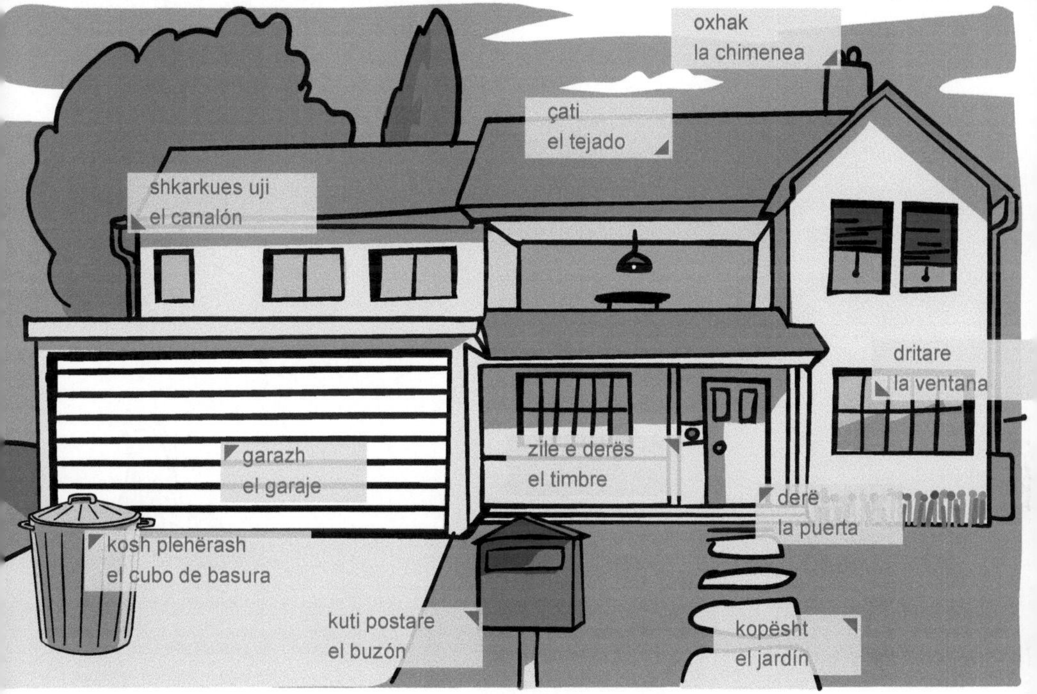

oxhak
la chimenea

çati
el tejado

shkarkues uji
el canalón

dritare
la ventana

garazh
el garaje

zile e derës
el timbre

derë
la puerta

kosh plehërash
el cubo de basura

kuti postare
el buzón

kopësht
el jardín

dhomë ndenjeje
la sala

tualet
el cuarto de baño

kuzhinë
la cocina

dhomë gjumi
el dormitorio

dhomë fëmijësh
la habitación de los niños

dhomë ngrënieje
el comedor

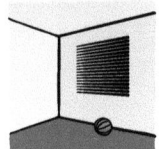

dysheme

el suelo

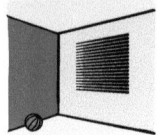

mur

la pared

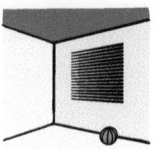

tavan

el techo

bodrum

el sótano

sauna

la sauna

ballkon

el balcón

tarracë

la terraza

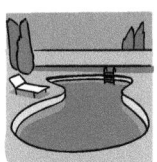

pishinë

la piscina

kositëse bari

el cortacésped

çarçaf

la sábana

kuvertë

la colcha

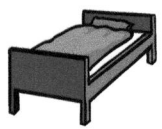

krevat

la cama

fshesë dore

la escoba

kovë

el balde

çelës

el interruptor

dhomë ndenjeje
la sala

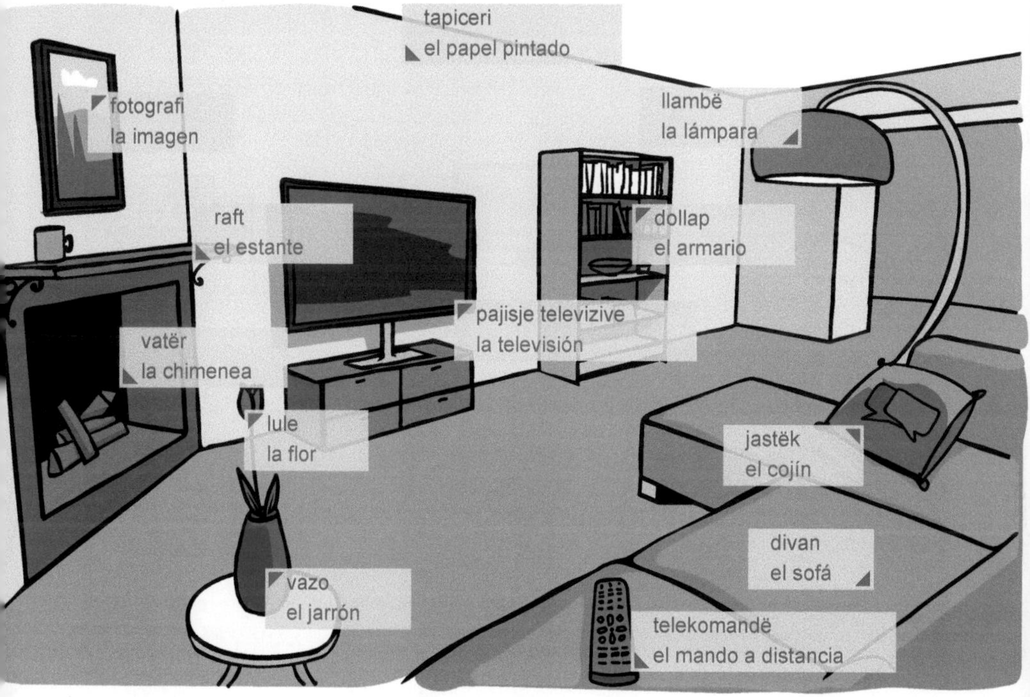

tapiceri
el papel pintado
fotografi
la imagen
llambë
la lámpara
raft
el estante
dollap
el armario
pajisje televizive
la televisión
vatër
la chimenea
lule
la flor
jastëk
el cojín
divan
el sofá
vazo
el jarrón
telekomandë
el mando a distancia

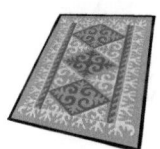

qilim

la alfombra

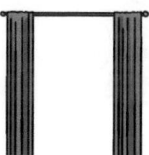

perde

la cortina

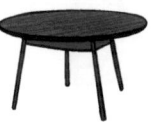

tavolinë

la mesa

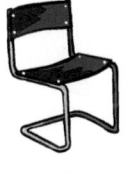

karrige

la silla

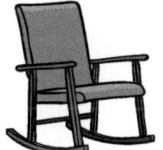

karrige lëkundëse

el mecedora

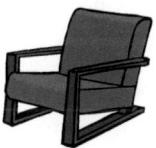

kolltuk

la butaca

libri

el libro

batanije

la manta

zbukurime

la decoración

dru zjarri

la leña

film

la película

stereo

el equipo de música

çelës

la llave

gazetë

el periódico

pikturë

la pintura

afishe

el póster

radio

la radio

bllok shënimesh

el cuaderno

fshesë me korent

la aspiradora

kaktus

el cactus

qiri

la vela

kuzhinë
la cocina

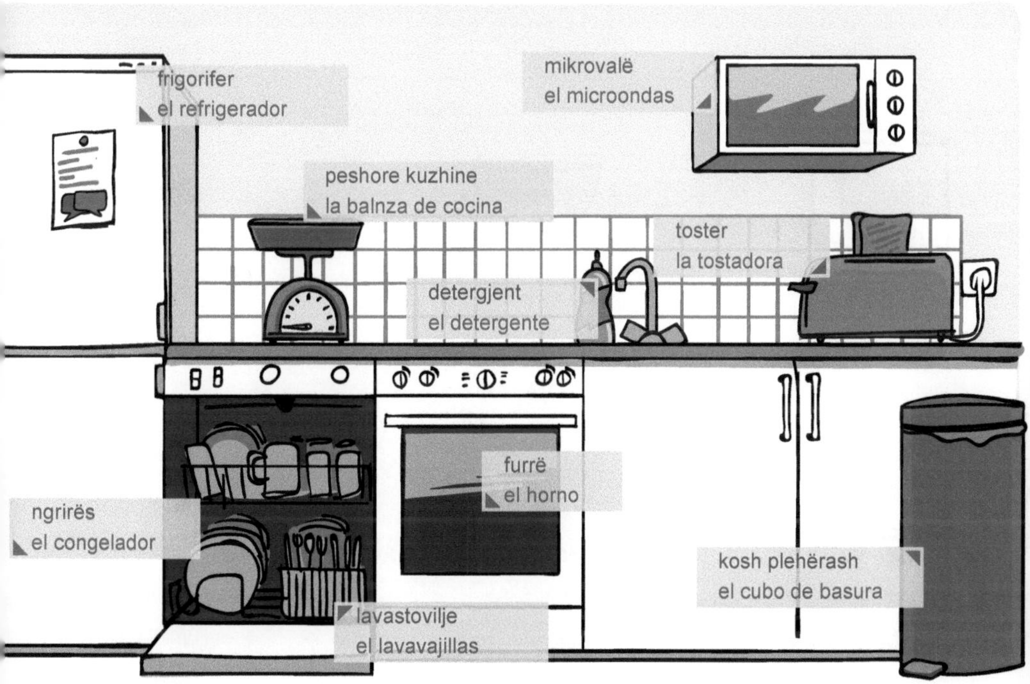
frigorifer
el refrigerador
mikrovalë
el microondas
peshore kuzhine
la balnza de cocina
toster
la tostadora
detergjent
el detergente
furrë
el horno
ngrirës
el congelador
kosh plehërash
el cubo de basura
lavastovilje
el lavavajillas

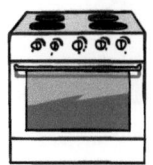

sobë

la olla a presión

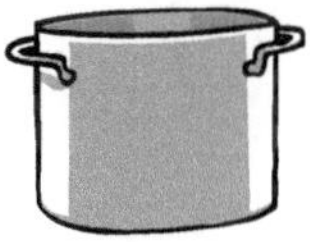

tenxhere

la olla

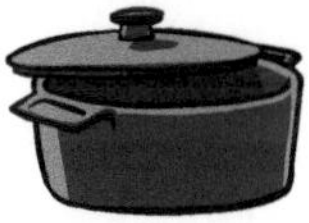

tenxhere me kapak

la olla de hierro fundido

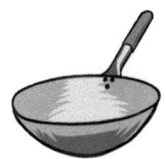

tigan special (Wok)

el wok

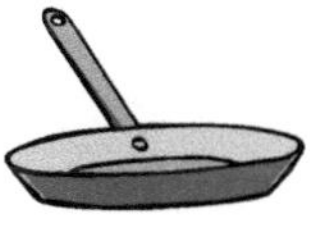

tigan

la cazuela

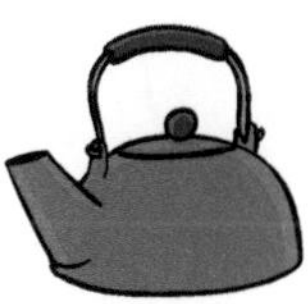

çajnik

el hervidor

tenxhere me avull

la vaporera

tavë pjekjeje

la chapa de horno

enë

la vajilla

filxhan

la taza

tas

el tazón

shkopinj

los palillos

garuzhde

el cucharón

spatul

la espumadera

tel kuzhine

el batidor

kulluese

el colador

sitë

el cedazo

rende

el rallador

havan

el mortero

skarë

la barbacoa

zjarr

la hoguera

dërrasë për prerje

la tabla de picar

okllai

el rodillo

heqëse tapash

el sacacorchos

kanaçe

la lata

hapëse kanaçeje

el abrelatas

rrobë për të kapur tenxheren

el agarrador

lavaman

el lavabo

furçë

el cepillo

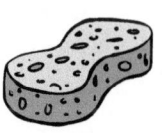

sfungjer

la esponja

përzjerës

la batidora

ngrirës

el congelador

biberon për lëngje

el biberón

rubinet

el grifo

tualet

el cuarto de baño

ngrohje
la calefacción
peshqirë
la toalla
dush
la ducha
perde dushi
la cortina de la ducha
vaskë me shkumë
el baño de espuma
vaskë
la bañera
gotë
el vaso
lavatriçe
la lavadora
rubinet
el grifo
pllaka
las baldosas
oturak
el orinal
lavaman
el lavabo

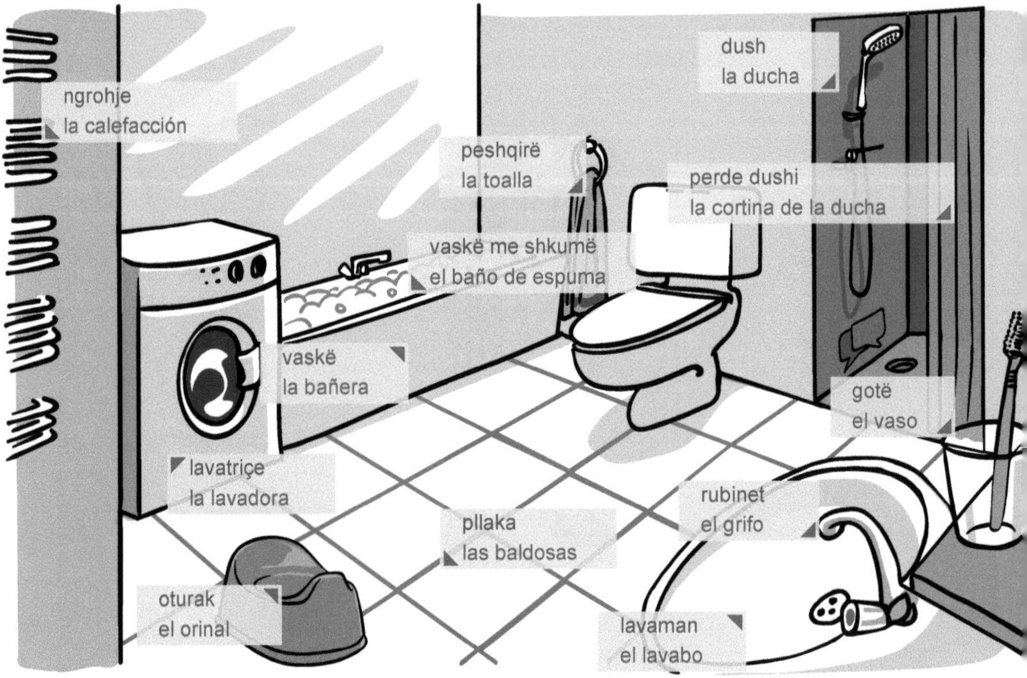

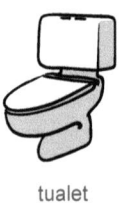

tualet
el inodoro

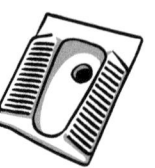

WC e sheshtë
el inodoro rústico

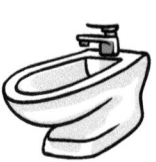

bide
el bidé

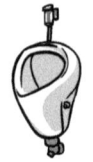

tualet publik
el urinario

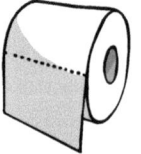

letër higjienike
el papel higiénico

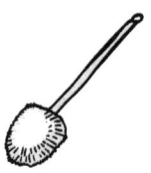

furçe për WC
la escobilla del váter

furçë dhëmbësh

el cepillo de dientes

pastë dhëmbësh

la pasta de dientes

fije dentare

el hilo dental

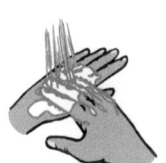

laj

lavar

dorezë dushi

la ducha de mano

larës për zonën intime

la ducha íntima

legen

la pila

furçë për masazh shpine

el cepillo de espalda

sapun

el jabón

shampo trupi

el gel de ducha

shampo

el champú

leckë pastruese

la toallita

kullues

el desagüe

krem

la crema

antidjersë

el desodorante

pasqyrë

el espejo

pasqyrë dore

el espejo de tocador

brisk rroje

la maquinilla de afeitar

shkumë rroje

la espuma de afeitar

locion pas rrojes

la loción postafeitado

krehër

el peine

furçë

el cepillo

tharëse flokësh

el secador

llak për flokët

la laca

grim

el maquillaje

buzëkuq

el pintalabios

manikyr

el pintauñas

mbushje pambuku

el algodón

gërshërë për thonj

el cortauñas

parfum

el perfume

çantë për sendet personale

el estuche de viaje

Stol

la banqueta

peshore

la balanza

robëdëshambër

el albornoz

dorashka gome

los guantes de goma

tampon

el tampón

peceta higjienike

la compresa

tualet I lëvizshëm

el inodoro químico

dhomë fëmijësh

la habitación de los niños

orë me zile
el despertador
lodra me pellushë
el peluche
makinë lodër
el coche de juguete
rraketake
el sonajero
shtëpi kukullash
la casa de muñecas
dhuratë
el regalo

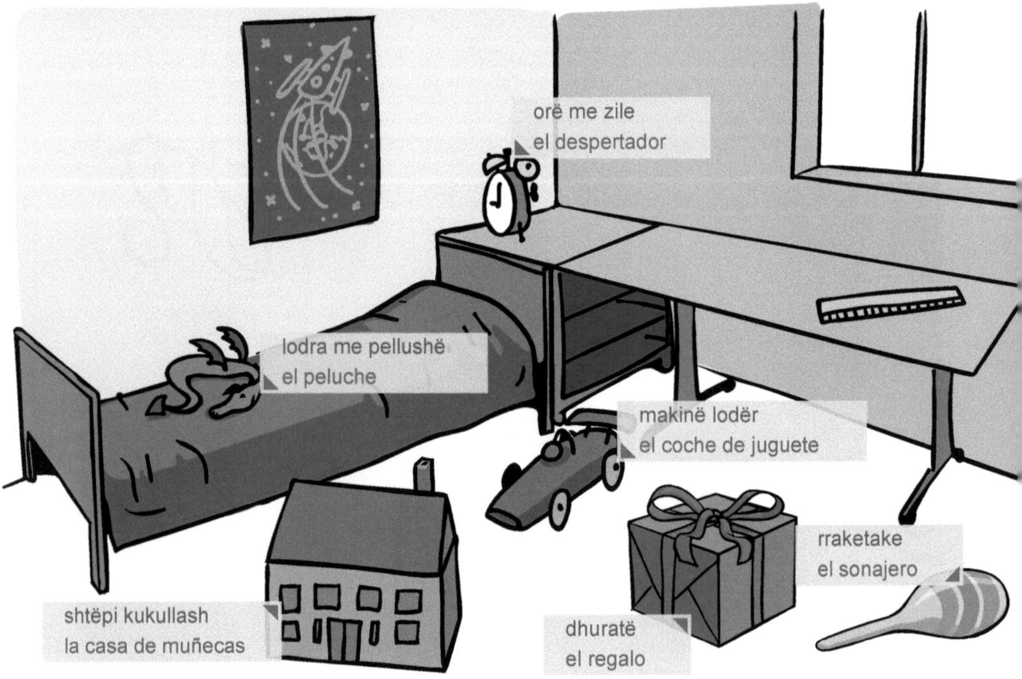

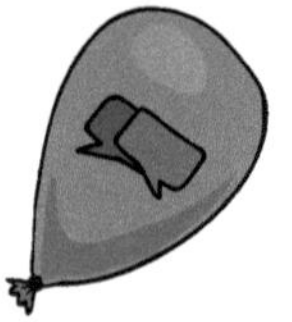

tollumbace

el globo

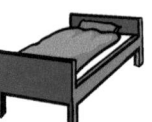

krevat

la cama

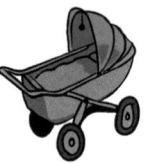

karrocë fëmijësh

el coche de niño

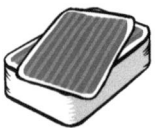

lojë me letra

los naipes

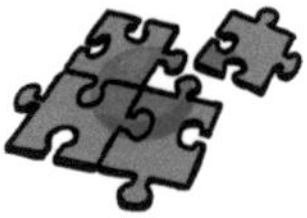

bashkim pjesësh me figura

el puzle

SUPER
MEGA

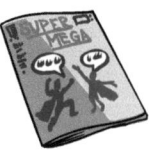

komik

el tebeo

formuese lodër

las piezas de lego

kuba plastikë

los bloques de juguete

lodra

la figura de acción

badi

el bodi (de bebé)

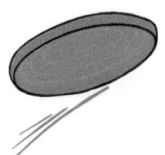

frizbi

el frisbee

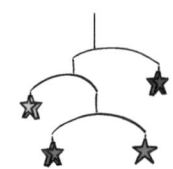

lodra të varura tek krevati i fëmijëve

el colgador móvil para bebés

tavolinë lojërash

el juego de mesa

zare

los dados

model treni

el circuito de tren eléctrico

biberon

el maniquí

festë

la fiesta

libër me ilustrime

el álbum de fotos

top

la pelota

kukull

la muñeca

luaj

jugar

grumbull rëre

el cajón de arena

kolovarëse

el columpio

lodra

los juguetes

leva për lojra video

la videoconsola

triçikël

el triciclo

arush prej pellushi

el oso de peluche

garderobë

la guardarropa

veshje

la ropa

çorape

los calcetines

çorape të gjata

las medias

geta

los leotardos

shall
la bufanda

çadër
el paraguas

bluzë pa jakë
la camiseta

rrip
el cinturón

çizme
las botas

pantofla
las zapatillas

atlete
las deportivas

sandale
las sandalias

këpucë
los zapatos

çizme llastiku
las botas de goma

të mbathura
el slip

reçipeta
el sostén

kanotierë
el chaleco

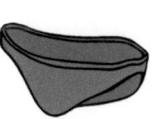

veshje - la ropa

trup

el bodi

pantallona

los pantalones cortos

xhinse

los vaqueros

fund

la falda

bluzë

la blusa

këmishë

la camisa

pulovër

el jersey

triko

el suéter

xhaketë

el blazer

xhaketë

la chaqueta

pallto

el abrigo

mushama shiu

la gabardina

kostum

el traje

fustan

el vestido

fustan nusërie

el vestido de novia

veshje - la ropa

kostum
el traje

këmishë nate
el camisón

pizhama
el pijama

sari (veshje tradicionale indiane)
el sati

shami koke
el bandana

çallmë
el turbante

veshje për femrat e besimit musliman
la burka

kaftan (lloj veshjeje tradicionale)
el caftán

ferexhe
la abaya

kostum banje
el traje de baño

rroba banje
el bañador

pantallona të shkurtra
los pantalones cortos

tuta sporti
el chándal

përparëse
el delantal

dorashka
los guantes

kopsë

el botón

syze

las gafas

byzylyk

el brazalete

gjerdan

el collar

unazë

el anillo

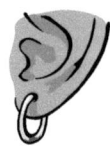

vath

el pendiente

kapuç

la gorra

varëse për pallto

la percha

kapele

el sombrero

kravatë

la corbata

zinxhir

la cremallera

helmetë

el casco

tiranda

los tirantes

uniformë shkolle

el uniforme

uniformë

el uniforme

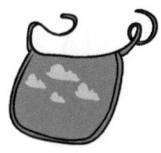

gushore

el babero

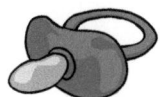

biberon

el maniquí

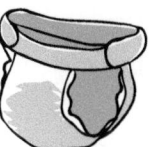

pelenë

el pañal

zyrë
la oficina

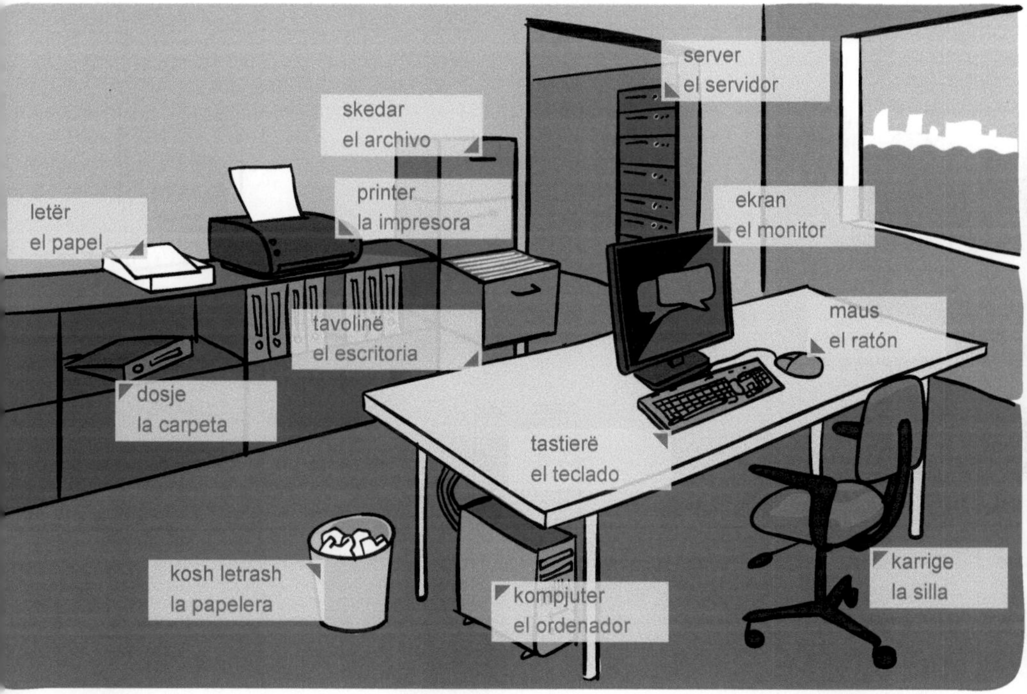
server
el servidor
skedar
el archivo
letër
el papel
printer
la impresora
ekran
el monitor
tavolinë
el escritoria
maus
el ratón
dosje
la carpeta
tastierë
el teclado
kosh letrash
la papelera
kompjuter
el ordenador
karrige
la silla

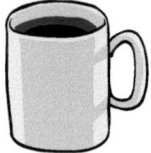

filxhan kafeje

la taza de café

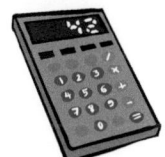

makinë llogaritëse

la calculadora

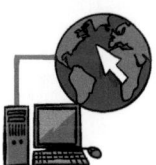

internet

el internet

kompjuter portativ

el portátil

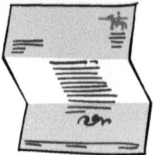

letër

la carta

mesazh

el mensaje

telefon

el móvil

rrjet

la red

fotokopje

la fotocopiadora

program

el software

telefon

el teléfono

prizë

la toma de corriente

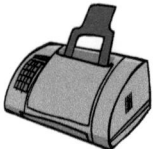

pajisje faksi

el fax

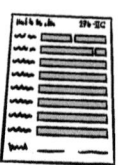

formular

el formulario

dokument

el documento

blej
....
comprar

paguaj
....
pagar

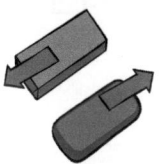

tregtoj
....
comerciar

para
....
el dinero

USD

dollar
....
el dólar

EUR

euro
....
el euro

JPY

jen
....
el yen

RUB

rubla
....
el rublo

CHF

franga zvicerane
....
el franco suizo

CNY

juani kinez
....
el renminbi yuan

INR

rupje
....
la rupia

bankomat
....
el cajero automático

pikë këmbimi valutor

la oficina de cambio de divisas

ar

el oro

argjend

la plata

nafta

el petróleo

energji

la energía

çmim

el precio

kontratë

el contrato

taksë

el impuesto

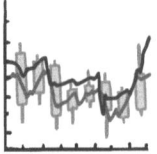

aksione

la acción

punoj

trabajar

punonjës

el empleador

punëdhënës

el empleador

fabrikë

la fábrica

dyqan

la tienda de campaña

ekonomi - la economía

profesionet
los oficios

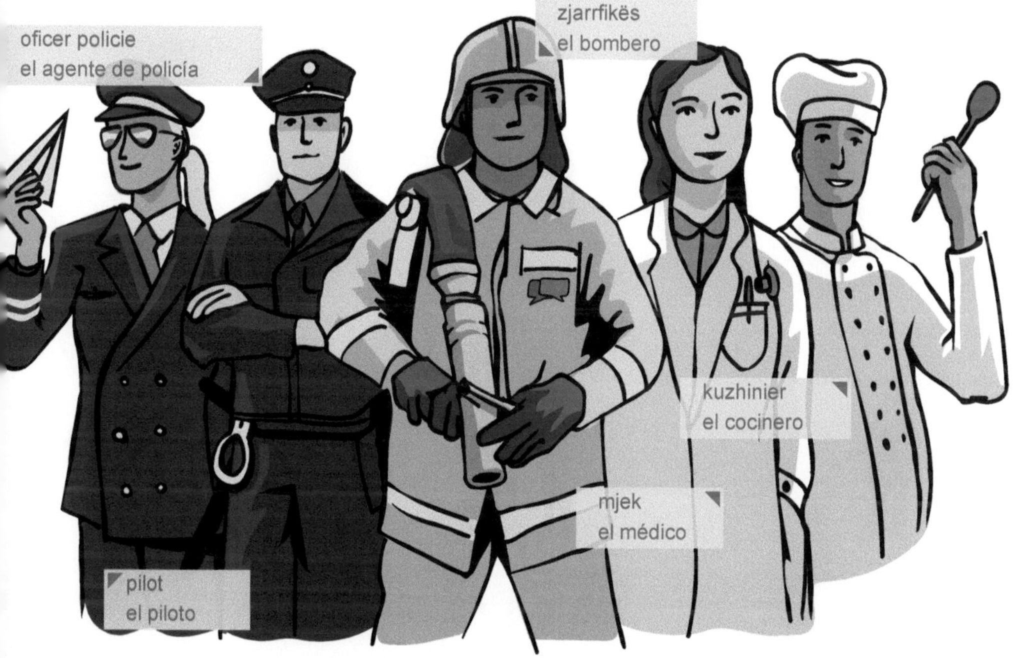
oficer policie
el agente de policía
zjarrfikës
el bombero
kuzhinier
el cocinero
mjek
el médico
pilot
el piloto

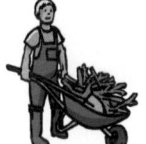

kopshtar

el jardinero

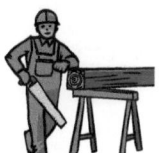

marangoz

el carpintero

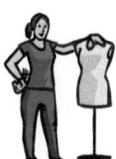

rrobaqepëse

la costurera

gjykatës

el juez

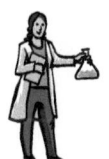

kimist

el farmacéutico

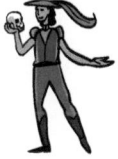

aktor

el actor

shofer autobuzi

el conductor de autobús

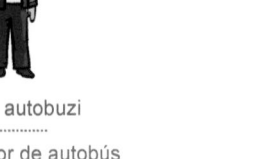

taksist

el taxista

peshkatar

el pescador

pastruese

la señora de la limpieza

riparues çatish

el techador

kamarier

el camarero

gjuetar

el cazador

piktor

el pintor

furrxhi

el panadero

elektriçist

el electricista

ndërtues

el obrero

inxhinier

el ingeniero

kasap

el carnicero

hidraulik

el fontanero

postieri

el cartero

ushtar

el soldado

arkitekt

el arquitecto

arkëtar

el cajero

luleshitës

el florista

berber

el peluquero

kontrollor

el revisor

mekanik

el mecánico

kapiten

el capitán

dentist

el dentista

shkencëtar

el científico

rabin

el rabino

imam

el imán

murg

el monje

klerik

el sacerdote

mjete
las herramientas

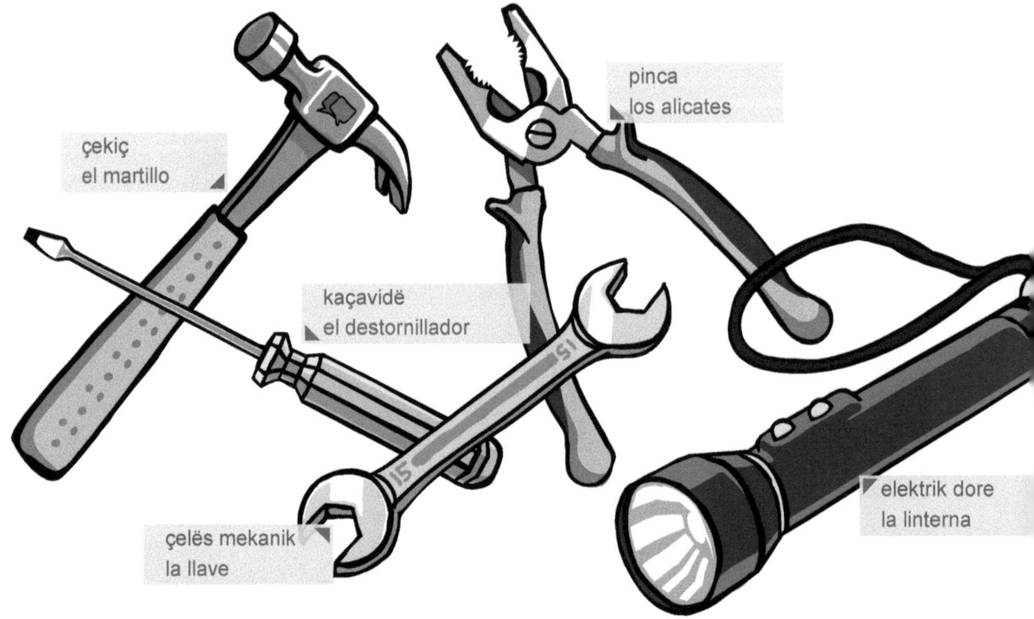

çekiç
el martillo
pinca
los alicates
kaçavidë
el destornillador
elektrik dore
la linterna
çelës mekanik
la llave

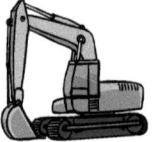

ekskavator

la excavadora

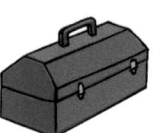

kuti veglash

la caja de herramientas

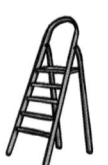

shkallë

la escalera de mano

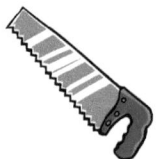

sharrë

la sierra

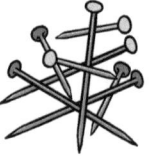

gozhdë

los clavos

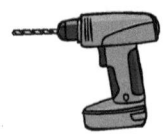

trapan

el taladro

riparoj

reparar

lopatë

la pala

Dreq!

¡Maldita sea!

kaci

el recogedor

kuti boje

el bote de pintura

vidhë

los tornillos

instrumenta muzikorë
los instrumentos musicales

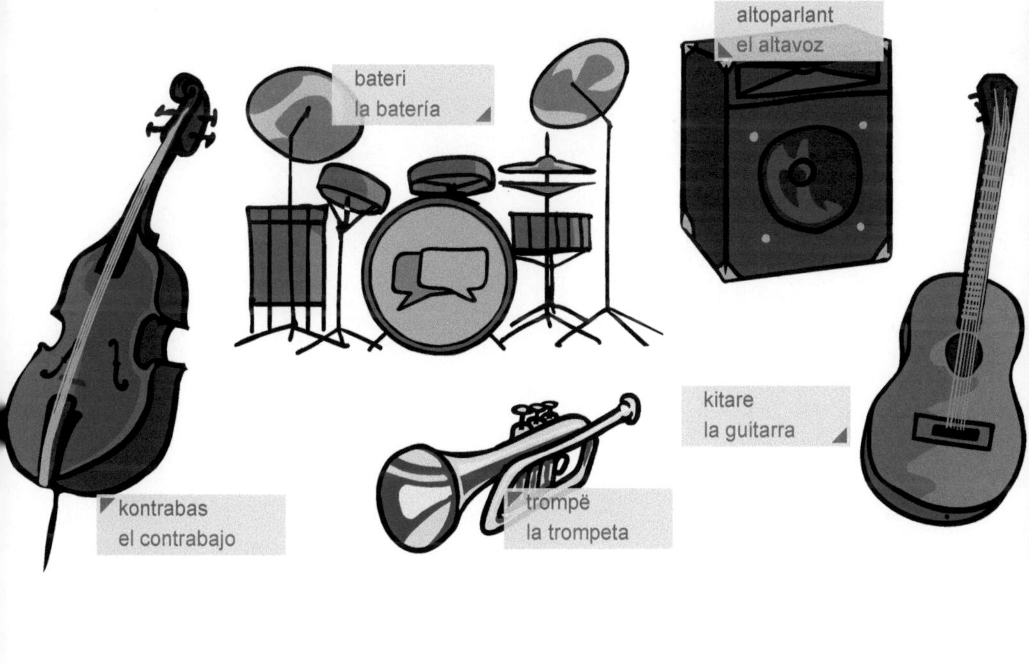

bateri
la batería

altoparlant
el altavoz

kitare
la guitarra

kontrabas
el contrabajo

trompë
la trompeta

piano
el piano

violinë
el violín

bas
bajo

tamburë
los timbales

daulle
el tambor

tastierë pianoje
el teclado

saksofon
el saxofón

flaut
la flauta

mikrofon
el micrófono

kopsht zoologjik
el zoo

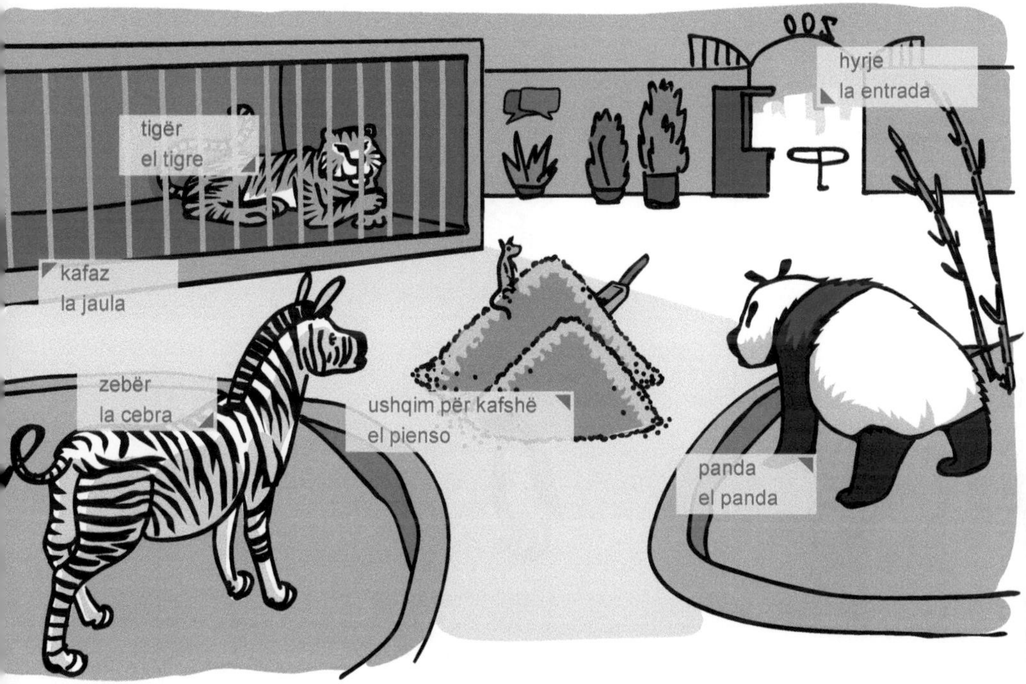
hyrje
la entrada
tigër
el tigre
kafaz
la jaula
zebër
la cebra
ushqim për kafshë
el pienso
panda
el panda

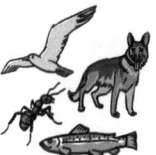

kafshë

los animales

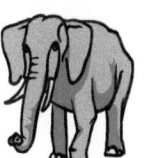

elefant

el elefante

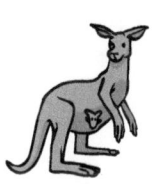

kangur

el canguro

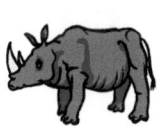

rinoceront

el rinoceronte

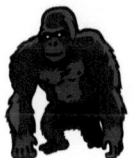

gorillë

el gorila

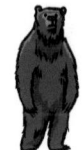

ari

el oso

deve

el camello

struc

el avestruz

luan

el león

majmun

el mono

flamingo

el flamingo

papagall

el loro

ari polar

el oso polar

pinguin

el pingüino

peshkaqen

el tiburón

pallua

el pavo real

gjarpër

la serpiente

krokodil

el cocodrilo

punonjës i kopshtit zoologjik

el guardián de zoológico

fokë

la foca

xhaguar

el jaguar

poni

el poni

leopard

el leopardo

hipopotam

el hipopótamo

gjirafë

la jirafa

shqiponjë

el águila

derr i egër

el jabalí

peshk

el pescado

breshkë

la tortuga

lopë deti

la morsa

dhelpër

el zorro

gazelë

la gacela

futboll amerikan
el fútbol americano

çiklizëm
el ciclismo

tenis
el tenis

basketboll
el baloncesto

not
la natación

boks
el boxeo

hokej mbi akull
el hockey sobre hielo

futboll
el fútbol

badminton
el bádminton

atletikë
el atletismo

hendboll
el balonmano

ski
el esquí

polo
el polo

aktivitet
las actividades

hidhem
saltar
përqafoj
abrazar
qesh
reír
eci
caminar
këndoj
cantar
ëndërroj
soñar
lutem
rezar
puth
besar

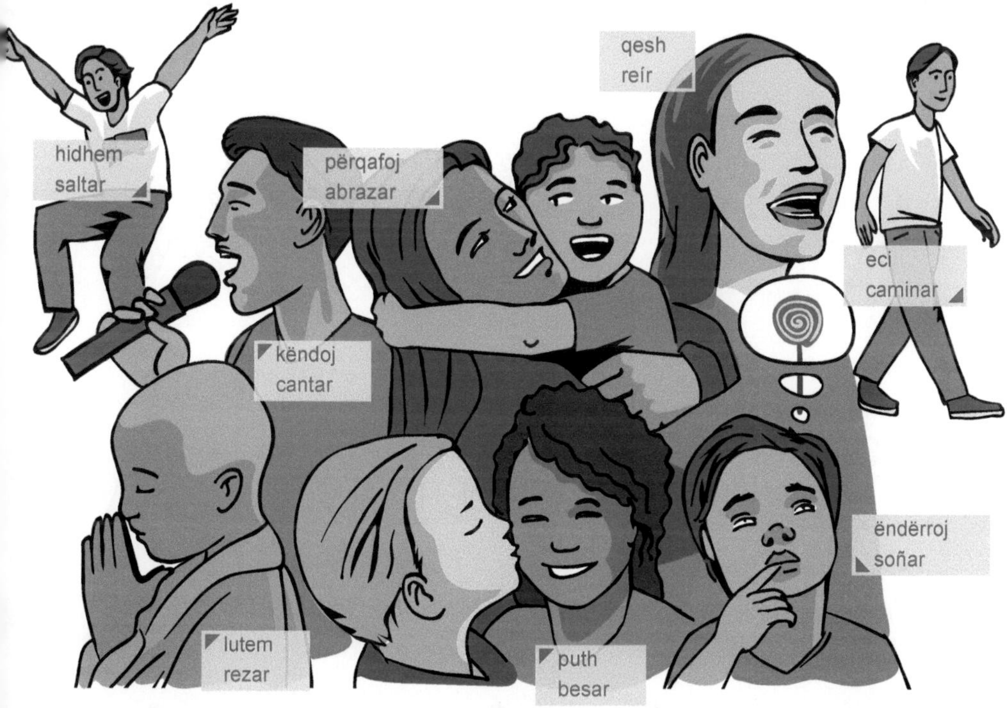

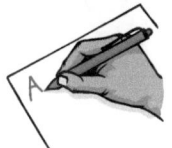

shkruaj
....
escribir

vizatoj
....
dibujar

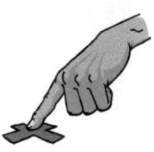

tregoj
....
mostrar

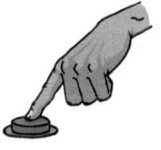

shtyj
....
empujar

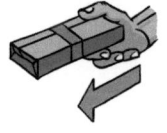

jap
....
dar

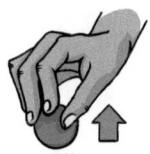

marr
....
tomar

kam
....
tener

bëj
....
hacer

jam
....
ser

qëndroj
....
estar de pie

vrapoj
....
correr

tërheq
....
tirar

hedh
....
tirar

bie
....
caer

shtrihem
....
yacer

pres
....
esperar

mbaj
....
llevar

ulem
....
estar sentado

vishem
....
vestirse

fle
....
dormir

zgjohem
....
despertar

shikoj

mirar

qaj

llorar

përkëdhel

acariciar

kreh

peinar

bisedoj

hablar

kuptoj

entender

kërkoj

preguntar

dëgjoj

escuchar

pi

beber

ha

comer

sistemoj

ordenar

dashuroj

amar

gatuaj

cocinar

drejtoj makinën

conducir

fluturoj

volar

lundroj

navegar

llogaris

calcular

lexoj

leer

mësoj

aprender

punoj

trabajar

martohem

casarse

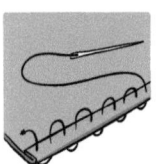

qep

coser

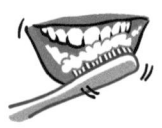

laj dhëmbët

cepillarse los dientes

vras

matar

tymos

fumar

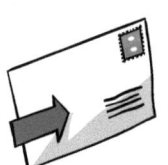

dërgoj

enviar

gjyshe
la abuela

gjysh
el abuelo

baba
el padre

nënë
la madre

bebe
el bebé

vajzë
la hija

djalë
el hijo

mysafir

el invitado

teze, hallë

la tía

dajë, xhaxha

el tío

vëlla

el hermano

motër

la hermana

trupi

el cuerpo

balli
la frente
syri
el ojo
shpatulla
el hombro
gishti
el dedo
fytyra
la cara
mjekra
la barbilla
dora
la mano
kërnba
la pierna
krahërori
el pecho
krahu
el brazo

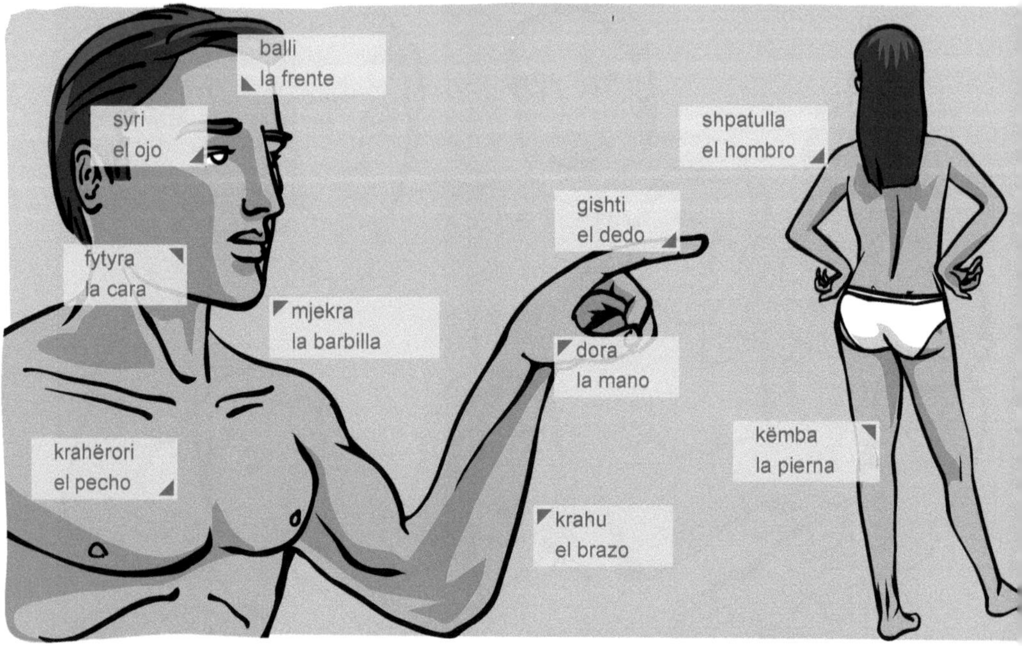

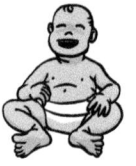

bebe
el bebé

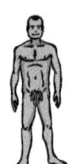

burrë
el hombre

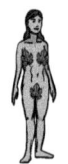

grua
la mujer

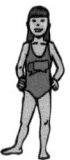

vajzë
la chica

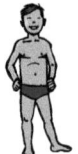

djalë
el chico

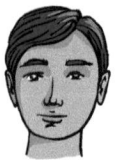

koka
la cabeza

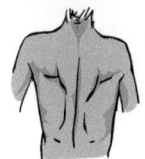

shpina

la espalda

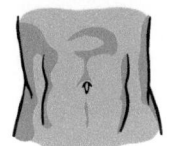

barku

el vientre

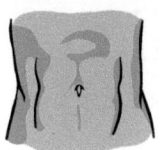

kërthiza

el ombligo

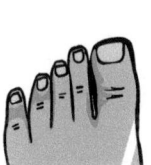

gisht këmbe

el dedo del pie

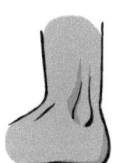

Thembra

el talón

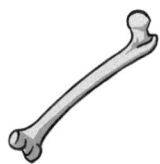

kockë

el hueso

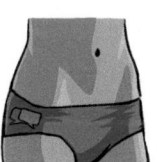

legeni

la cadera

gjuri

la rodilla

bërryli

el codo

hunda

la nariz

vithe

el trasero

lëkura

la piel

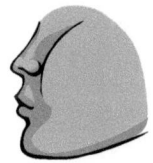

faqja

la mejilla

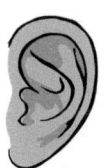

veshi

el oído

buza

el labio

goja

la boca

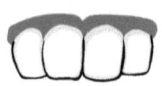

dhëmbët

el diente

gjuha

la lengua

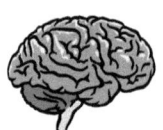

truri

el cerebro

zemra

el corazón

muskul

el músculo

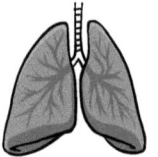

mushkëria

el pulmón

mëlçia

el hígado

stomaku

el estómago

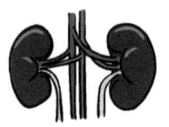

veshka

los riñones

seks

el sexo

prezervativ

el condón

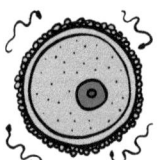

veza

el ovario

sperma

el semen

shtatëzani

el embarazo

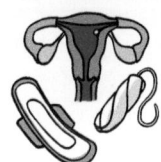

menstruacione

la menstruación

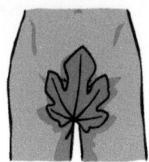

vagina

la vagina

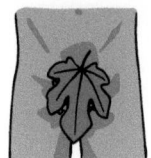

penis

el pene

vetulla

la ceja

flokët

el pelo

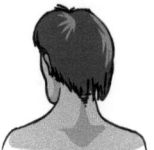

qafa

el cuello

spital

el hospital

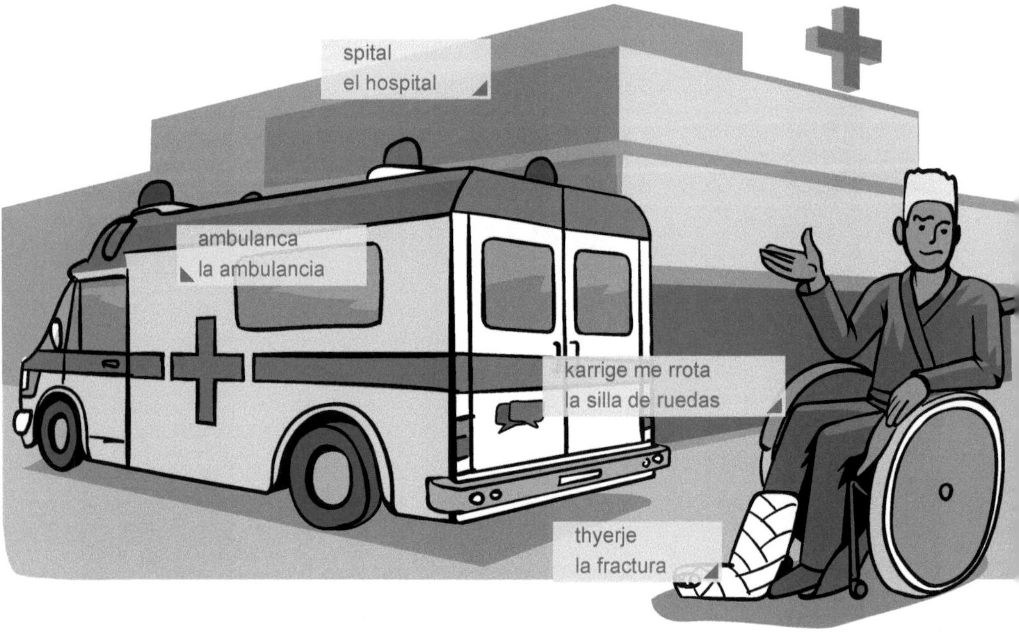

spital
el hospital
ambulanca
la ambulancia
karrige me rrota
la silla de ruedas
thyerje
la fractura

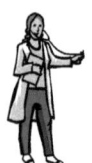

mjek

el médico

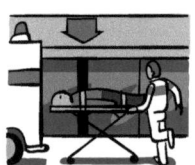

sallë urgjencash

la sala de urgencias

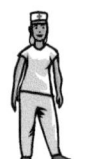

infermiere

la enfermera

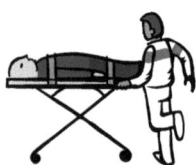

emergjencë

la urgencia

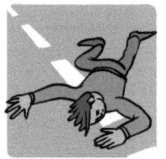

i pandërgjegjshëm

inconsciente

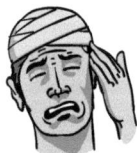

dhimbje

el dolor

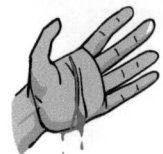

dëmtim

la lesión

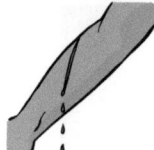

gjakosje

la hemorragia

infarkt

el infarto

goditje

el ictus

alergji

la alergia

kolla

la tos

ethe

la fiebre

grip

la gripe

diarre

la diarrea

dhimbje koke

el dolor de cabeza

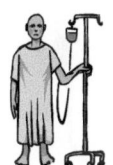

kancer

el cáncer

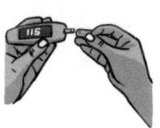

diabet

la diabetes

kirurg

el cirujano

bisturi

el bisturí

operacion

la operación

CT (skaner)

TAC

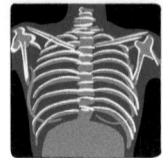

radiografi

los rayos x

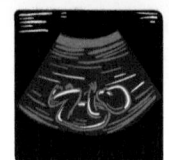

ultratingull

el ultrasonido

maskë fytyre

la mascarilla

sëmundje

la enfermedad

dhomë pritjeje

la sala de espera

paterica

la muleta

leukoplast

la tirita

fasho

la venda

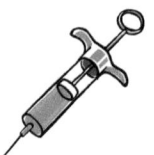

injeksion

la inyección

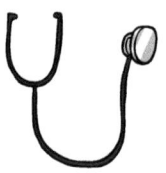

stetoskop

el estetoscopio

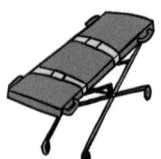

barelë

la camilla

termometër

el termómetro

lindje

el nacimiento

mbipeshë

el sobrepeso

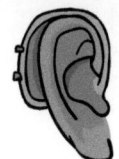

aparat dëgjimi

el audífono

dezinfektant

el desinfectante

infeksion

la infección

virus

el virus

HIV / AIDS

VIH / SIDA

mjekësi, mjekim

la medicina

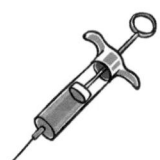

vaksinim

la vacunación

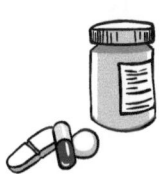

tableta

las tabletas

pilulë

la pastilla

telefonatë emergjence

la llamada de urgencia

aparat tensioni

el tensiómetro

i sëmurë / i shëndetshëm

enfermo / sano

Ndihmë!

¡Socorro!

alarm

la alarma

sulm

el asalto

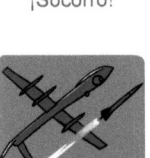

atak

el ataque

rrezik

el peligro

dalje emergjence

la salida de emergencia

Zjarr!

¡Fuego!

fikëse zjarri

el extintor de incendios

aksident

el accidente

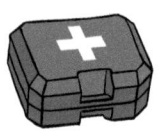

kuti e ndimës së shpejtë

el botiquín de primeros auxilios

SOS

SOS

policia

la policía

Europa

Europa

Amerika e Veriut

Norteamérica

Amerika e Jugut

Sudamérica

Afrika

África

Azia

Asia

Australia

Australia

Atlantiku

el atlántico

Paqësori

el Pacífico

Oqeani Indian

el Océano Índico

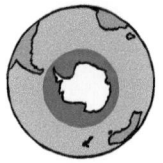

Oqeani Antarktik

el Océano Antártico

Oqeani Arktik

el Océano Ártico

Poli i veriut

el polo norte

Poli i Jugut

el polo sur

Antarktida

La Antártida

toka

la tierra

tokë

la tierra

det

el mar

ishull

la isla

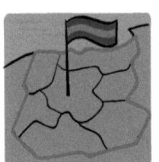

komb

la nación

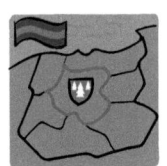

shtet

el estado

fusha e orës

la esfera

akrepi i orës

la manecilla de las horas

akrepi i minutave

el minutero

akrepi i sekondave

el segundero

Sa është ora?

¿Qué hora es?

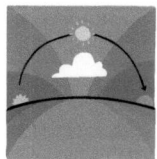

ditë

el día

kohë

el tiempo

tani

ahora

orë dixhitale

el reloj digital

minutë

el minuto

orë

la hora

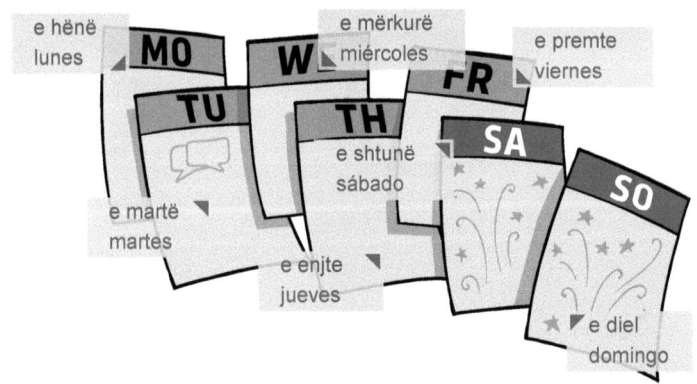

e hënë / lunes — MO
e mërkurë / miércoles — WE
e premte / viernes — FR
e martë / martes — TU
e shtunë / sábado — TH, SA
e enjte / jueves
e diel / domingo — SU

dje
....
ayer

sot
....
hoy

nesër
....
mañana

mëngjes
....
la mañana

mesditë
....
el mediodía

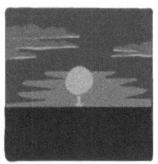

mbrëmje
....
la tarde

MO	TU	WE	TH	FR	SA	SU
1	2	3	4	5	6	7
8	9	10	11	12	13	14
15	16	17	18	19	20	21
22	23	24	25	26	27	28
29	30	31	1	2	3	4

ditë pune
....
los días laborables

MO	TU	WE	TH	FR	SA	SU
1	2	3	4	5	6	7
8	9	10	11	12	13	14
15	16	17	18	19	20	21
22	23	24	25	26	27	28
29	30	31	1	2	3	4

fundjavë
....
el fin de semana

vit
el año

shi
la lluvia
ylber
el arcoíris
borë
la nieve
erë
el viento
pranverë
la primavera
vjeshtë
el otoño
verë
el verano
dimër
el invierno

4.APRIL 11°
5.APRIL 4°
6.APRIL 13°
7.APRIL 8°
8.APRIL 10°

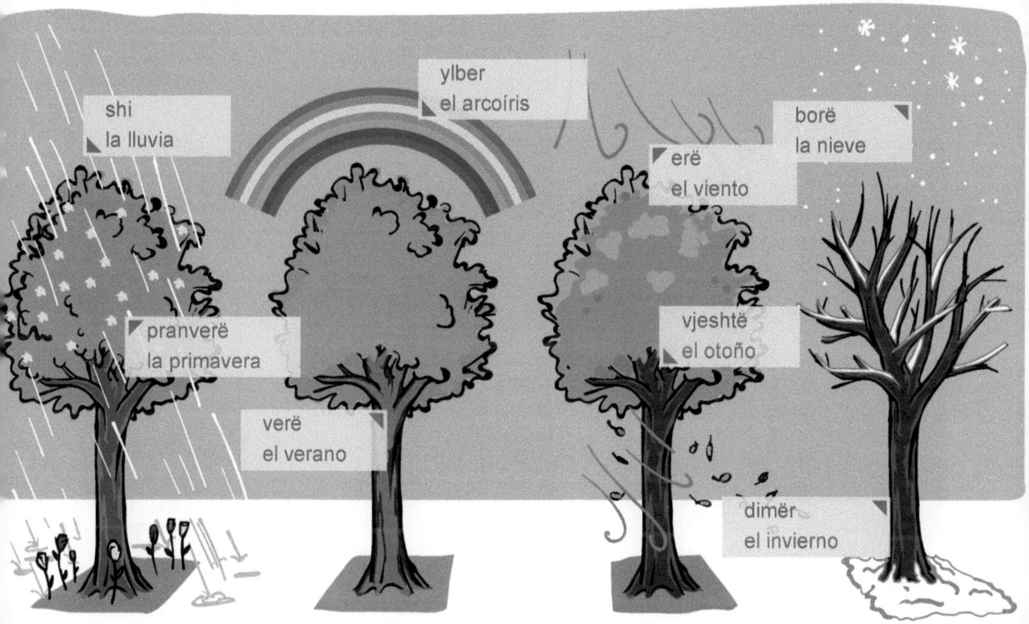

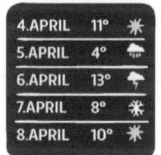

parashikimi i motit

el pronóstico del tiempo

F
C
120
90
60
30
0
-30
40
30
20
10
0
-10
-20

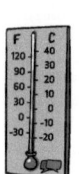

termometër

el termómetro

ndriçim dielli

el sol

re

la nube

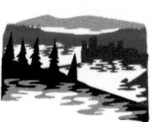

mjegull

la niebla

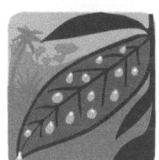

lagështi

la humedad

vetëtima

el rayo

gjëmim

el trueno

stuhi

la tormenta

breshër

el granizo

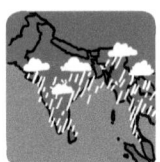

muson

el monzón

përmbytje

la inundación

akull

el hielo

janar

enero

shkurt

febrero

mars

marzo

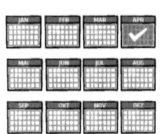

prill

abril

maj

mayo

qershor

junio

korrik

julio

gusht

agosto

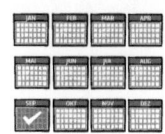

shtator

septiembre

tetor

octubre

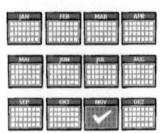

nëntor

noviembre

dhjetor

diciembre

forma

las formas

rreth

el círculo

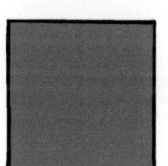

katror

el cuadrado

drejtkëndësh

el rectángulo

trekëndësh

el triángulo

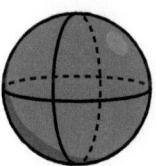

sferë

la esfera

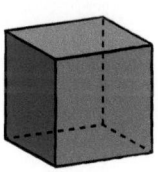

kub

el cubo

e bardhë

blanco

e verdhë

amarillo

portokalli

anaranjado

rozë

rosa

e kuqe

rojo

vjollcë

morado

blu

azul

e gjelbër

verde

kafe

marrón

gri

gris

e zezë

negro

shumë / pak

mucho / poco

i nevrikosur / i qetë

enojado / tranquilo

i bukur / i shëmtuar

bonito / feo

fillim / fund

principio / fin

i madh / i vogël

grande / pequeño

i ndritshëm / i errët

claro / oscuro

vëlla / motër

el hermano / la hermana

e pastër / e pistë

limpio / sucio

e plotë / jo e plotë

completo / incompleto

ditë / natë

el día / la noche

gjallë / vdekur

muerto / vivo

i gjerë / i ngushtë

ancho / estrecho

i ngrënshëm / i
pangrënshëm
comestible / no comestible

i keq / i këndshëm

malo / amable

i lumtur / i mërzitur

entusiasmado / aburrido

i shëndoshë / i dobët

gordo / delgado

e para / e fundit

primero / último

mik / armik

el amigo / el enemigo

plot / bosh

lleno / vacío

e fortë / e butë

duro / blando

e rëndë / e lehtë

pesado / ligero

uri / etje

el hambre / la sed

i sëmurë / i shëndetshëm

enfermo / sano

e paligjshme / e ligjshme

ilegal / legal

i zgjuar / budalla

inteligente / tonto

majtas / djathtas

izquierda / derecha

afër / larg

cerca / lejos

e re / e përdorur

nuevo / usado

asgjë / diçka

nada / algo

i moshuar / i ri

viejo / joven

ndezur / fikur

encendido / apagado

hapur / mbyllur

abierto / cerrado

i qetë / i zhurmshëm

silencioso / ruidoso

i pasur / i varfër

rico / pobre

e drejtë / e gabuar

correcto / incorrecto

i ashpër / i butë

áspero / suave

i mërzitur / i lumtur

triste / contento

i shkurtër / i gjatë

corto / largo

ngadalë / shpejt

lento / rápido

i lagësht / i thatë

húmedo / seco

ngrohtë / freskët

cálido / frío

luftë / paqe

guerra / paz

0	**1**	**2**
zero	një	dy
cero	uno	dos

3	**4**	**5**
tre	katër	pesë
tres	cuatro	cinco

6	**7**	**8**
gjashtë	shtatë	tetë
seis	siete	ocho

9	**10**	**11**
nentë	dhjetë	njëmbëdhjetë
nueve	diez	once

12
dymbëdhjetë

doce

13
trembëdhjetë

trece

14
katërmbëdhjetë

catorce

15
pesëmbëdhjetë

quince

16
gjashtëmbëdhjetë

dieciséis

17
shtatëmbëdhjetë

diecisiete

18
tetëmbëdhjetë

dieciocho

19
nentëmbëdhjetë

diecinueve

20
njëzetë

veinte

100
qind

cien

1.000
mijë

mil

1.000.000
milion

el millón

anglisht

el inglés

anglishte amerikane

el inglés americano

kinezisht mandarin

el chino madarín

hindi

el hindi

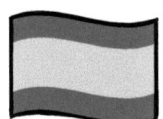

spanjisht

el español

frëngjisht

el francés

arabisht

el árabe

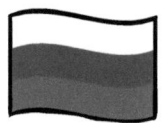

rusisht

el ruso

portugalisht

el portugués

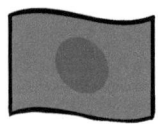

bengalisht

el bengalí

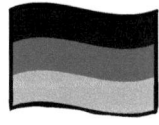

gjermanisht

el alemán

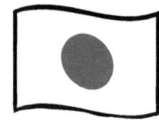

japonisht

el japonés

unë
yo

ti
tú

ai / ajo
él / ella / ello

ne
nosotros/as

ju
vosotros/as

ata
ellos/as

kush?
¿quién?

çfarë?
¿qué?

si?
¿cómo?

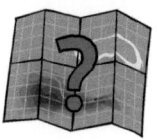

ku?
¿dónde?

kur?
¿cuándo?

emër
el nombre

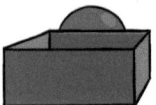

pas

detrás

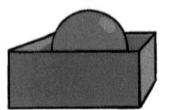

në

en

përballë

delante de

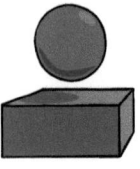

sipër

por encima de

mbi

sobre

poshtë

debajo de

pranë

junto a

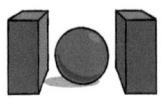

midis

entre

vend

el lugar